Das *Grüne* Dach Europas

Berndt Fischer

Das Grüne Dach Europas

BUCH & KUNSTVERLAG OBERPFALZ

Bibliografische Information der Deutschen Bibliothek
Die Deutsche Bibliothek verzeichnet diese Publikation in der Deutschen
Nationalbibliografie; detaillierte bibliografische Daten sind im Internet über
http://dnb.dnb.de abrufbar.

Mit freundlicher Unterstützung der E.ON Bayern AG

Impressum

© 2012 Buch & Kunstverlag Oberpfalz,
Mühlgasse 2, 92224 Amberg
Kapiteltexte: Berndt Fischer
Karte vom Grünen Dach: BeSt-Systeme, 92237 Sulzbach-Rosenberg
Konzept und Fotos: Berndt Fischer, 91099 Poxdorf
Buchgestaltung: Design by Klaus Schinagl, 97209 Veitshöchheim, www.schinagl.de
Druck: Spintler Druck und Verlag GmbH, 92637 Weiden

ISBN: 978-3-935719-85-8

Danksagung im Buch:

Für die freundliche Hilfe bedankt sich der Autor bei:
Hans Jehl, Richard Lehmeier, Dr. Franz Leitl, Erwin Möhrlein,
Robert Mertl, Dr. Jörg Müller, Horst Strecker

Das Grüne Dach Europas

Entlang der bayerisch-tschechischen Grenze erstreckt sich ein fast durchgehender Mittelgebirgsrücken von großem landschaftlichen Reiz und hohem ökologischen Wert. Teils der Natur überlassen und teils bewirtschaftet, gibt es in diesem Grenzgebirge eine ungemein reiche Flora und Fauna zu entdecken. Viele seltene oder gar vom Aussterben bedrohte Arten haben hier einen wichtigen (Über-)Lebensraum gefunden. Die hier stockenden, ausgedehnten Wälder, angefangen vom Frankenwald im Norden bis zum Mühlviertel in Österreich, gelten als das größte zusammenhängende Waldgebiet Mitteleuropas. Zu Recht wird dieses Gebiet gerne als das „Grüne Dach Europas" bezeichnet, denn es stellt nicht nur für die Länder Deutschland, Tschechien und Österreich, sondern auch für angrenzende Gebiete eine bedeutende Rückzugs- und Wanderachse in Mitteleuropa dar.

Die Perlen dieser markanten Waldlandschaft sind zweifelsohne die Nationalparke Bayerischer Wald und Šumava. Mit einer Flächenausdehnung von insgesamt 920 Quadratkilometern beherbergen sie überlebensfähige Quellpopulationen von Luchsen, Rothirschen und Auerhühnern. Für beide Nationalparke gilt die Grundphilosophie „Natur Natur sein lassen", was letztendlich bedeutet, dass sich auf großer Fläche Waldnatur nach eigenem Gesetz und in freier Dynamik entfalten kann – ohne Hinzutun des Menschen. Hierbei entstehen wilde Waldbilder, die uns kulturgeprägten Menschen ungewohnt sind, aber auch sekundäre Urwälder mit einer Vielzahl an Reliktarten, die in Wirtschaftswäldern keine Zukunft finden.

Beide Nationalparke haben sich auf gemeinsame Entwicklungsschritte, auf gemeinsame Naturzonen und auf gemeinsame Forschungsprojekte geeinigt. Der Eiserne Vorhang, der Tschechien Jahrzehnte von Bayern trennte, wird heute durch ein Grünes Band naturgeschützter Wälder ersetzt. Diese Bestrebungen wurden 2009 mit dem Zertifikat „Transboundary Park" von Europarc, der Dachorganisation für europäische Großschutzgebiete, geadelt. Über die Natur wachsen auch die Völker Europas an ihren Grenzen zusammen. In diesem Sinne kann auch der vorliegende Bildband verstanden werden. Naturästhetik, Naturerscheinungen, ja die Natur als Ganzes ist grenzenlos, wie das in Bildern gefasste Grüne Dach Europas eindrucksvoll belegt.

Dr. Franz Leibl,
Leiter der Nationalparkverwaltung Bayerischer Wald

Das Grüne Dach Europas

Frankenwald
Ludwigstadt
Lichtenberg
Naila
Schwarzenbach a. Wald
Kronach
Helmbrechts
Coburg
Kulmbach
Hof

Fichtelgebirge
Selb
Marktredwitz
Bayreuth
Cheb (Eger)
Chebsko (Egerland)
Waldsassen
Fuchsmühl

Steinwald
Kemnath
Erbendorf

Stiftland
Tirschenreuth
Tachov (Tachau)

Slavkovský les (Kaiserwald)
Mariánské Lázně (Marienbad)

Nördlicher Oberpfälzer Wald
Eschenbach i.d.OPF
Neustadt a.d. WN.
Weiden i.d.OPF
Vohenstrauß

Naturpark Český Les (Tschechischer Wald)

Oberpfälzer Wald
Schönsee
Oberviechtach
Nabburg
Waldmünchen
Neunburg vorm Wald
Schwandorf
Domažlice (Taus)
Furth im Wald

Oberer Bayerischer Wald
Cham
Bad Kötzting
Viechtach

Regensburg
Naturpark Bayerischer Wald
Deggendorf
Straubing

Radweg „Grünes Dach"

Das Grüne Dach Europas ist auch über einen eigenen Radweg erschlossen. Die Tour führt auf 315 Kilometern Länge von Hof an der Saale bis zum Nationalpark Bayerischer Wald. Die Radroute ist nicht ohne. Unterwegs müssen rund 5000 Höhenmeter gemeistert werden. Sie lässt sich in fünf bis sechs Etappen einteilen und führt vom Hofer Fernwehpark über das Dreiländereck, Hohenberg an der Eger, Waldsassen, Flossenbürg, Pleystein, Eslarn, Schönsee und Cham bis nach Bayerisch Eisenstein. Dort gibt es gute Verbindungen über den Šumava- und Donau-Wald-Radweg nach Passau zum Donauradweg. Im Norden lässt sich die ausgeschilderte Route ebenfalls gut ausdehnen. Im Frankenwald gibt es von der Stadt Schwarzenbach am Wald einen traumhaften neuen Radweg auf einer alten Bahntrasse. Dieser führt über Selbitztalradweg, Höllental und Saaletal nach Hof.

Naturpark Frankenwald

Größe: 102 250 Hektar

Highlights: Floßfahrten auf der Wilden Rodach, wildromantisches Höllental, Döbraberg bei Schwarzenbach am Wald (mit 794 Metern der König des Frankenwaldes), Schiefermuseum in Ludwigsstadt, „Grünes Band" am Rennsteig, Wiesenbrütergebiet Teuschnitzaue

Infozentren: Blechschmidtenhammer und Steinwiesen sowie Frankenwald-Tourismus-Service-Center in Kronach

www.naturpark-frankenwald.de

Naturpark Fichtelgebirge

Größe: 102 000 Hektar

Highlights: Schneeberg (1059 Meter), Ochsenkopf (1024 Meter), Felsenlabyrinth Luisenburg, Schaubergwerk Gleisinger Fels, Steiniger Durchbruch der Röslau, Nagler See, Blockmeere und Waldmoore

Infostellen: Geschäftsstelle Wunsiedel, Freilandmuseum Grassemann, Weißenstadt und Zell, Altes Bergwerk Kleiner Johannes, Schausteinbruch Häuselloh in Selb

www.fichtelgebirge.de

Naturpark Steinwald

Größe: 24 600 Hektar

Highlights: Platte (946 Meter) mit Oberpfalzturm, Burgruine Weißenstein, Felsformation Zipfeltanne, Waldhaus mit Rotwildgehege, Saubadfelsen, Felstürme mit Besteigungsanlagen

Infostellen: Naturpark-Geschäftsstelle in Fuchsmühl, Grenzmühle, Glasschleif und Waldhaus (teilweise noch im Aufbau)

www.naturpark-steinwald.de

Naturpark Nördlicher Oberpfälzer Wald

Größe: 138 000 Hektar

Highlights: Naturschutzgebiet Rußweiher, südlichstes Vulkangebiet Bayerns mit Basaltkegeln und Vulkanmuseum, Waldnaabtal-Durchbruch, Bockl-Radweg und zahlreiche Burgen

Infostellen: Neues Schloss in Neustadt a. d. Waldnaab, Friedrichsburg Vohenstrauß und Schloss Burgtreswitz

www.naturpark-now.de

Naturpark Oberpfälzer Wald

Größe: 82 000 Hektar

Highlights: Prackendorfer u. Kulzer Moos, Charlottenhofer Weihergebiet, Hochfels Stadlern, Freilandmuseum Neusath-Perschen, Goldsteig, Bayerisch-Böhmischer Freundschaftsweg, Goldlehrpfad Oberviechtach

Infostellen: Geschäftsstelle in Schwandorf, Tourismuszentrum Oberpfälzer Wald in Nabburg, Centrum Bavaria Bohemia in Schönsee

www.naturpark-opf-wald.de

Naturpark Oberer Bayerischer Wald

Größe: 179 600 Hektar

Highlights: „Teufelsmauer" Quarzgang Pfahl, tausendjährige Wolframslinde bei Ried, Felsformationen, Felsenpark Falkenstein, Rauchröhren am Kaitersberg, Kleiner Arbersee mit schwimmenden Inseln (Eiszeitrelikt), Naturschutzgebiet Rötelseeweiher, Burgen (u. a. Kürnburg bei Stamsried und Runding)

Infostellen: Naturpark-Geschäftsstelle in Cham

www.naturpark-obw.de

Naturpark Bayerischer Wald

Größe: 278 200 Hektar

Highlights: Großer Arbersee, Quarzpfahl, Kloster Metten mit Abtei St. Michael und Bibliothek, Schloss Fürsteneck, Bogenberg mit der ältesten Marienwallfahrtskirche Bayerns

Infozentren: Holz-Nullenergiehaus Zwiesel, Grenzbahnhof Bayerisch Eisenstein, Pfahl-Infostelle Viechtach, Infostelle Würzingerhaus Außernzell, Infostelle Bahnhof Bogen, Ilz-Infostelle Schloss Fürsteneck

www.naturpark-bayer-wald.de

Nationalpark Bayerischer Wald

Größe: 24 000 Hektar

Highlights: Berggipfel, Urwälder beim Zwieslerwaldhaus, Wilde Waldnatur zwischen Rachel und Lusen. Nationalparkzentrum Lusen bei Neuschönau mit Baumwipfelpfad, Tierfreigelände, Pflanzen- und Gesteinsfreigelände sowie Hans-Eisenmann-Haus, Nationalparkzentrum Falkenstein mit Haus der Wildnis und Steinzeithöhle.

Infozentren: Nationalparkverwaltung in Grafenau, Hans-Eisenmann-Haus im Nationalparkzentrum am Lusen, Haus zur Wildnis im Nationalparkzentrum Falkenstein, Infostelle Spiegelau, Infostelle Mauth, Infostelle Frauenau im Glasmuseum, Infostelle Bayerisch Eisenstein im Grenzbahnhof, Infostelle Zwiesel im Naturparkhaus, Infostelle im Waldgeschichtlichen Museum St. Oswald

www.nationalpark-bayerischer-wald.de

Šumava/Böhmerwald

Größe: Nationalpark Šumava 68 064 Hektar und Landschaftsschutzgebiet Šumava 99 624 Hektar

Highlights: Boubín-Urwald, Chalupy-Moor, Dobrá Voda, Dreisesn-Moor, Kapelle von Stožec, Laka-See, Moldau-Quelle und Moldau-Auen, Plöckenstein und Plöckensteiner-See, Poledník (Mittagsberg), Prášily-See, Schwarzenberger Schwemmkanal, Seen-Moor, Vydra-Schlucht

Infozentren: Kvilda, Svinná Lada, Rokyta, Kašperské Hory, Železná Ruda (Bayerisch Eisenstein), Idina Pila, Stožec, Březník, Poledník (Mittagsberg)

www.npsumava.cz/de/

Oberösterreichischer Böhmerwald im Mühlviertel

Highlights: Plöckenstein (1378 Meter), Täler der Großen und der Kleinen Mühl, Aussichtstürme Alpenblick und Moldaublick

Infozentrum: Waldkompetenzzentrum Böhmerwald in Ulrichsberg

www.boehmerwald.at/www.boehmerwaldarena.at

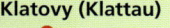

Klatovy (Klattau)

Kašperské Hory (Bergreichenstein)

Vimperk (Winterberg)

Nationalpark

Šumava (Böhmerwald)

Bayerisch Eisenstein

Zwiesel

denmais

Regen

Nationalpark

Volary (Wallern)

Landschafts-schutzgebiet

Grafenau

Freyung

Passau

Oberösterreichischer Böhmerwald im Mühlviertel

Freistadt

Imposante Granitfelstürme auf dem Rudolfstein im Abendlicht.

Juwel unter den heimischen Bläulingen: der Ampferfeuerfalter.

Vom Frankenwald über das Fichtelgebirge zum Steinwald

Auf Granit beißen

Wald und Hinterwäldler, auf wen traf vor noch nicht allzu langer Zeit dieses Verdikt mehr zu als auf Fichtelgebirge und nördliche Oberpfalz? Fast Ruhrgebiet im Mittelalter aufgrund des Erzbergbaus, spätmittelalterlicher Goldrush an Bächen und in Stollen, Hochburg von Granitabbau und dessen Bearbeitung und das weiße Gold der Selber Porzellanindustrie seit Lorenz Hutschenreuthers erster Porzellanfabrik im 19. Jahrhundert: Rohstoffgewinnung und Verarbeitung haben eine lange Tradition im Fichtelgebirge, auch wenn die Bergmänner oder Steinhauer, Steinmetze oder Zinnseifenwäscher ein überaus hartes, langes Arbeitsleben führten, sich krumm und bucklig schufteten und über das zum Überleben Notwendige kaum hinausgekommen sind. So richtig bergab ging's mit Nordostbayern erst nach dem Zweiten Weltkrieg. Der Eiserne Vorhang riegelte die Region von der Tschechoslowakei und Sachsen ab, aus dem „Teutschen Paradeiß" (von Magister Johann Will aus dem Jahre 1692) war das „Zonenrandgebiet" geworden. Als kleinstes Granitgebirge sind Fichtelgebirge und Steinwald mit den angrenzenden Gebirgszügen von Erzgebirge und Böhmerwald zwar erdgeschichtlich und geografisch verbunden, aber die jahrzehntelang unüberwindliche Ost-West-Spaltung ließ das Fichtelgebirge buchstäblich einfrieren. Auf dem im Winter eiskalten Schneeberg, dem mit 1053 m höchsten Tausender, erzählt noch heute der atombombensicher einbetonierte, monströse Lauschturm von den Zeiten des Kalten Kriegs. Der „Feind im Osten" war allgegenwärtig, wem etwas nicht passte, der sollte gefälligst „rüber" gehen. Weggegangen sind viele, vor allem jüngere Leute, die Arbeit suchten, aber nicht „rüber" sondern „runter". In der dürren Bürokratensprache wird die Region bis heute noch als „strukturschwach" bezeichnet. Als „strukturbelebendes" Element wollte die Allmacht im fernen München die Fichtelgebirgsautobahn mitten durch das Hufeisen des Fichtelgebirges bauen. Naturschützer und die Bürgerinitiative der „Hinterwäldler" brachten das Projekt nach langem Ringen zu Fall.

Rein äußerlich macht es gar nicht so viel her, das kleinste Granitgebirge Europas mit seinem Schneeberg und Ochsenkopf, die mit Ach und Krach die 1000 m übersteigen und dessen Südflanke vom angrenzenden Steinwald gebildet wird. Die beiden „Gebirge" bieten heute ein ganz ähnliches Bild: Aus einem Waldmeer ragen ziemlich flache Buckel, die ihrerseits bis zum Gipfel bewaldet sind. Also wurden die höchsten Erhebungen mit Aussichtstürmen und Sendemasten „verziert", damit die Lauschanlage in der Zeit des Kalten Kriegs oder Besucher zwecks Fernblick ihre Nase über die Baumwipfel strecken können. Vom Oberpfalzturm auf der Steinwälder Platte in Richtung Fichtelberger Platte und umgekehrt. Infolge der Höhenlage und zahlreicher Niederschläge sind seit der letzten Eiszeit,

Wuchtige Granitblöcke türmen sich in der Luisenburg zu einem Felsgebirge und -labyrinth auf.

Himmels- oder Jakobsleiter ist die Pflanze, die laut biblischer Erzählung Jakob im Traum erschien, auf deren Spitze er Gott erblickte (linkes Bild).

Der Fieberklee wächst selten in Sumpflandschaften und zählt zu den Heilpflanzen (rechtes Bild).

als Fichtelgebirge und Steinwald der Tundra glichen, ausgedehnte Wälder entstanden. Die ursprünglich an das feuchtkühle Höhenklima angepassten Urwälder aus Buchen, Tannen und Fichten haben aber die vom Menschen bewirkten Veränderungen seit dem Mittelalter nicht überlebt. Heute bedeckt ein Waldmeer aus Fichtenforsten die Höhenzüge, seinerseits gebeutelt durch das Waldsterben seit den 70er Jahren und die mittlerweile regelmäßigen Stürme, die als Kyrill oder Lothar in den Stangenhölzern wüten. Nur in manchen Gipfellagen haben sich Reste des gesünderen Mischwalds gehalten, wie am Waldstein und Nußhardt. Das viele Wasser aus den Niederschlägen ergießt sich in Gestalt zahlreicher Mittelgebirgsbäche vom Berg ins Tal und ist verantwortlich für sumpfige Feuchtwiesen oder Moore in höheren Lagen und Senken, zu deren Entstehung das kühle Klima beigetragen hat. Ursprünglich war wohl die ganze Landschaft bis in die Täler bewaldet, nur in Mooren und Sümpfen lichtete sich dieser undurchdringliche Wald. Am Fichtelsee beziehungsweise beim Fichtelseemoor

ist dieser ursprüngliche Charakter noch am ehesten zu erahnen, auch wenn das Moor in der Vergangenheit großflächig abgetorft wurde, der See gar kein echter, sondern ein von Menschenhand aufgestauter und der Fichtenwald ein forstlich herangezogener ist. Aber die am Moorrand sich in der Sonne räkelnden Kreuzottern sind jedenfalls „echt".

Das heute so sanfte, wenn auch klimatisch raue Fichtelgebirge war nicht immer so moderat. Vor etwa 350 Millionen Jahren türmte sich hier der Vorgänger des Fichtelgebirges, das Variszische Gebirge, infolge der Kollision zweier Urkontinente hoch auf. Gewaltige Erdkräfte in Gestalt aufsteigender Magmen ließen eine Landschaft aus Granit entstehen, die heutzutage Geologen genauso fasziniert wie weiland Alexander von Humboldt oder Johann Wolfgang von Goethe. Im Warmklima des Tertiärs kam es zu einer flächenhaften Abtragung, während die Inselberge aus variszischen Graniten geblieben sind und seither das bekannte Fichtelgebirgs-Hufeisen formen. In den Eiszeiten wurde die Gestalt des Gebirges nachhaltig verändert: Die Permafrostböden setzten sich in Bewegung und legten einzigartige Felsburgen frei oder transportierten riesige Granitblöcke bergabwärts. Ob aufgetürmt in Felsburgen oder chaotisch durcheinandergewürfelt in Blockhalden und Felsenmeeren, alle Granitblöcke zeigen jene weichen, gerundeten Formen der sogenannten Wollsackverwitterung. Das Zusammenspiel von ausgedehnten Wäldern und jäh aufragenden Felsszenerien prägen Fichtelgebirge und Steinwald gleichermaßen – die „Hinterwäldler" suchten ihr Auskommen an unwirtlicher Stelle, betrieben Bergbau, deckten ihren Holzbedarf mit Fichten-Kunstforsten und veränderten das Wassersystem durch Abtorfen, Verlegung von Bächen und Anlage von Stauweihern.

Das Leben in dieser entlegenen Ecke Bayerns war immer ein kleines, ob für die Bauern mit ihren dem Wald abgerungenen, steinigen Äckern, auf deren Rücken noch weltliche Herren und geistliche Obrigkeit saßen, oder für die Handwerker, deren Existenz meistens am Stein hing und nie in Gold glänzte. Daran änderte auch die Begeisterung der Romantiker Wackenroder und Tieck nichts, die das Fichtelgebirge bereisten, ebenso wenig wie Goethes Studien zur Herkunft des Felsenmeers der Luisenburg, die zusätzlich qua Namensgebung nach Luise von Preußen hochherrschaftlich geadelt wurde. Dem eigentlichen Fichtelgebirgler hat der in Wunsiedel geborene Erzähler, Poet und Sprachschöpfer Jean Paul ein literarisches Denkmal gesetzt. In solch wunderlichen Schöpfungen wie dem erfundenen Dorf Kuhschnappel, dem Armenadvokaten Firmian Stanislaus Siebenkäs oder dem vergnügten Schulmeisterlein Maria Wutz wird die kleine Welt des Fichtelgebirges keineswegs vergrößert, sie wird in „Idyllen" verewigt, die keineswegs idyllisch sind, aber eben doch verewigt – wie Fliegen im Bernstein. Das Große sah Jean Paul in der Religion oder auch der Dichtkunst, deren Existenz und Evidenz er aus der Größe der Natur ableitet, „wie überhaupt das Große den Fels-Bergen gleicht, wovon nie einer allein in platter Ebene, sondern nur unter nachbarlichen aufsteht und sich zum Gebirge auszieht". Das kleine Körperweltliche und große Göttliche, „die Taguhr eines Menschen" und „die Jahrtausenduhr der Weltgeschichte" spielen gerade auch in der sinnlichen Erscheinungswelt der Natur eine beherrschende Rolle: „den Regenbogen, der sich auf Höhen als blühender Zirkel in den Himmel hängt, schafft dieselbe Sonne im Tautropfen einer niedrigen Blume nach".

Der Schwarzstorch brütet in ausgedehnten Wäldern und findet seine Nahrung an Gewässern und auf Wiesen. Deutschlands stärkste Population lebt in den abgeschiedenen Ecken des Frankenwalds.

Westlich des Fichtelgebirges setzt sich das Grüne Dach sozusagen als Flachdach fort. Der Frankenwald als die bayerische Seite des thüringisch-fränkischen Schiefergebirges zeigt den Charakter eines Berglandes mit weiten Hochflächen, die durch zahlreiche steilwandige Täler zerschnitten sind, deren dicht bewaldete Hänge den Waldcharakter der Landschaft ausmachen. Ein besonderes Naturjuwel des Frankenwalds stellt das Grüne Band dar, wo auf dem Gebiet der 40 Jahre bestehenden deutsch-deutschen Grenze der Aufwuchs des sich selbst überlassenen natürlichen Mischwalds und durch Pflegemaßnahmen frei gehaltene Bachauen oder Zwergstrauchheiden eine Fülle von Leben ermöglichen. Welch paradoxe Verkehrung: Leben auf dem ehemaligen Todesstreifen, Artentod in der „normalen" Kulturlandschaft.

Nachfolgende Doppelseite: An einem Herbstmorgen lösen sich Nebel über der Weißenstädter Senke nur langsam auf. Blick vom Waldstein zu den beiden Tausendern im Fichtelgebirge: Schneeberg (links) und Ochsenkopf (rechts).

Felstürme am Waldstein, umgeben von alten Buchenstämmen (linke Seite).

Die Verwitterung hat am Rudolfstein eine steinalte kopfähnliche Form entstehen lassen (oben).

Wildkatze mit ihren Jungen. Die seltenen Wildkatzen
wurden im Steinwald mehrfach nachgewiesen.

Aus dem Fichtenwald am Schneeberg ragen die Felsen der Drei Brüder. Im Herbstnebel sind nur Schemen erkennbar.

Der dunkle Wald der Platte im Steinwald kontrastiert mit dem Gelb der Rapsfelder im Frühling.
Die bekannten Felsformationen, die dem Wald seinen Namen gegeben haben, sind als winzige Punkte
im tiefen Wald gerade noch erkennbar.

Der violette Feuerfalter ist eine große Schmetterlingsrarität in Nordbayern (links oben).

An Gräben und in feuchten Wiesen blüht die Akeleiblättrige Wiesenraute (links Mitte).

Blüten der Heidelbeeren (links unten).

Siebenstern, Relikt der letzten Eiszeit und Charakterpflanze von Fichtelgebirge und Steinwald (oben).

Mausohren leben in einer Vielzahl von Lebensräumen, u. a. auch in Mischwäldern. Das Große Mausohr verlässt seinen Tageseinstand erst in der Dunkelheit, um Jagd auf Fluginsekten zu machen.

Die Waldohreule in ihrem winterlichen Tageseinstand (rechte Seite, links oben).

Der Sperlingskauz, unsere kleinste einheimische Eule, kehrt mit einer erbeuteten Meise zu seiner Bruthöhle zurück (rechte Seite, links unten).

Der nordische Raufußkauz kommt in den kühlen Wäldern des Grünen Dachs wesentlich häufiger vor als in anderen Wäldern, wo er sehr selten ist. Eine deutliche Klimaerwärmung wird er nicht mitmachen können (rechte Seite außen).

Moorschlenke im Fichtelseemoor (oben).

Torfmoose bilden den schwankenden Untergrund im Moor (unten).

Der Fichtelsee verdankt seine Existenz dem Eingriff des Menschen, der das Wasser aufgestaut hat. Das ihn umgebende Moor verleiht ihm das natürliche Aussehen eines Moorsees.

Die urtümlichen Feuersalamander lieben feuchte, moosreiche Laub- und Mischwälder, wo sie nachts oder bei Regen nach ihrer Leibspeise, Regenwürmern, suchen. Die Beute muss genauso langsam sein, wie sich ihre Jagd vollzieht.

Fast bewegungslos steht die Schwebfliege für einige Sekunden in der Luft.

Der noch junge Weißmain, der auf dem Ochsenkopf entspringt, bahnt sich seinen Weg durch Granitblöcke.

Feuchte Waldwiese am Rand des Steinwalds im Vorfrühling. Das natürliche Habitat der Kreuzotter enthält nasse und trockene Stellen und zahlreiche Verstecke im Altgras.

Weibliche Kreuzotter, die sorgsam ihre Umgebung wahrnimmt, durch den senkrechten Sehschlitz blickend oder züngelnd.

Sonnenaufgangslicht über den ausgedehnten Fichtenwäldern des Fichtelgebirges.

Drei Dachse entsteigen gleichzeitig ihrem unterirdischen Bau. Das Auftauchen der Dachse bedeutet gleichzeitig das Hereinbrechen der Nacht.

Fast an alle Gewässer ist der Biber zurückgekehrt, der schon einmal in Bayern auf Grund der jagdlichen Verfolgung als fast ausgestorben gegolten hat.

An diesem von Bäumen umstandenen Weiher bei Friedenfels im Steinwald kämpft sich die Sonne durch den zähen Nebel.

Eine Birkengruppe trägt ihr Raureifkleid.

In Eiszapfen eingeschlossener Farnwedel.

Aus der Nähe zeigen Eiskristalle ihre ganze Schönheit.

Grasfrosch im zeitigen Frühjahr auf dem kalten Weg zum Laichgewässer.

Der erste Schnee im November bildet auf den Fichtenzweigen grafische Muster.

Fichtelgebirge und Steinwald sind Rothirschreviere. Der männliche Hirsch trägt sein stattliches Geweih bis in den Spätwinter.

*Die Austern-Seitlinge an diesem bemoosten Ahornstamm erinnern noch an den Herbst,
während der frische Schnee auf den nahen Winter hinweist.*

Der Gipfel des Nußhardt inmitten ausgedehnter Wälder im Fichtelgebirge trägt sein winterliches Schneekleid.

Im Winter ist das Fell des Fuchses besonders dicht, das ihn vor der Kälte schützt, nicht jedoch vor Hunger und Jagd.

Von der Ruine Flossenbürg schweift der Blick des Betrachters über die bewaldeten Höhenzüge des Oberpfälzer Walds bis hin zum Steinwald.

Herbst ist Pilzzeit, wie diese Gruppe von Sparrigen Schüpplingen zeigt.

Oberpfälzer Wald

Vom Glück, ein Hinterwäldler zu sein

Hinter dem Mond, ab vom Schuss, gute Nacht von Fuchs und Has, hinter den Bergen, bei den sieben Zwergen, beim „bäimischn" Wind in bayrisch Sibirien, weit, weit weg von den Metropolen des Gelds und der Selbstinszenierung: der Begriff „Oberpfälzer Wald" drückt das alles aus. Er stellt noch eine Steigerung dar im Vergleich zur ganzen Region, die an dem Etikett „Oberpfalz" schon genügend gelitten hat. Mit dem Wort „Oberpfalz" konnten die Nicht-Oberpfälzer wenigstens noch Kartoffelknödl assoziieren, von Kartoffeln, die allerdings oft auf armseligen Steinäckern gewachsen waren. Aber was sollte schon im Oberpfälzer Wald wachsen? Dass dort auch Menschen lebten, bezeugten abenteuerliche, inzwischen ausgestorbene Autokennzeichen, die man damals jenseits der Oberpfalz ähnlich wahrgenommen haben dürfte wie heute solche aus den neuen Bundesländern: CVI, NEN, BUL, KEM und NEW. Letzteres hat alle Neuerungen überstanden und ziert so manchen Schnellfahrer, der die großzügigen Straßen, so manche gebaut, um das sprichwörtliche „Kommen" der Russen zu verhindern, für seine motorsportlichen Ambitionen nutzt. In keiner Region war die Russenangst größer, was ich aus meiner eigenen Oberpfälzer Jugend bezeugen kann. Sie waren zwar 1968 ziemlich grenznah mit ihren Panzern, aber gekommen sind sie doch nicht. Dafür bescherte die Russenangst der CSU satte Mehrheiten, bis der Kampf um die WAA im Taxölderner Forst das schwärzeste Stück Bayern in eine Art Bürgerkriegsschauplatz verwandelte. Strauß, MOX-Brennelemente, Hüttendorf, CS-Gas, „terroristensicheres" Amtsgericht Schwandorf: Seitdem sind die Oberpfalz und ihr Wald nicht mehr wie vorher. Auch wenn nach der Grenzöffnung Lastwagenlawinen über die Autobahn von und nach Tschechien donnern, der Oberpfälzer Wald ist nach wie vor ein „Hinterwald".

Eine der seltensten Blütenpflanzen Deutschlands, die weiße Frühlingsküchenschelle, blüht an einigen wenigen Stellen auf Gneisgrus oder in Kiefernheide im Oberpfälzer Wald.

Während der vordere Oberpfälzer Wald eher einförmig, allenfalls schwermütig einherkommt, wölbt sich der hintere Oberpfälzer Wald zu einem Grenzgebirge auf mit horstartig gehobenen Bergstöcken, deren markanteste sich als Tillenberg und Schwarzkopf allerdings jenseits der Landesgrenze erheben. Böhmen und die Oberpfalz teilen sich das Grenzgebirge und waren in ihrer Geschichte multiethnischer, als engstirnige Nationalisten hüben und drüben wahrhaben wollten. So wie es frühe slawische Siedlungen im Oberpfälzer Wald gegeben hat, so waren die deutschen Siedler nicht aus dem Český Les (Tschechischen Wald) wegzudenken. Bis Fanatiker das Undenkbare im Sinne einer ethnischen Säuberung wahrgemacht haben. Das Grenzland hat deutsche und tschechische und jüdische Wurzeln und ist in Europa wieder zu einem Miteinander zusammengewachsen. An etlichen Stellen sind in das Grundgebirge, das häufig aus Gneisen besteht, magmatische Granite eingedrungen, die heute markante Felsgruppen bilden und die Gneisumgebung überragen. Der Oberpfälzer Wald ist wie Fichtelgebirge und Steinwald auch Granitland mit so außergewöhnlichen Formationen wie der zwiebelschalenartigen Absonderung des Granits rund um den Bergstock von Flossenbürg oder den dramatischen Durchbrüchen der Waldbäche Lerau, Doost und Waldnaab durch Granitstöcke. Als geologische

Besonderheit erster Güteklasse hat auch der Rosenquarzfelsen von Pleystein zu gelten, der als Füllung einer Erdspalte durch Erosion herausgewittert ist. Nicht nur Kabarettisten machen die Gleichung auf: raue Urgesteine – raues Klima – rauer Dialekt. Es ist schon wahr, die dunklen, kehligen Vokale und Diphthonge entspringen keinem Dialekt, dem man das Attribut "verspielt" geben möchte. Aber welcher Zusammenhang soll da zum Wetter bestehen, das auch unbestritten, zumindest vor der allgemeinen Klimaerwärmung, zu den rauesten ganz Deutschlands gezählt haben dürfte? Viel Schnee im Winter, später Frühlingsbeginn, kalte Ostwinde und regenreiche Sommer: Das war lange Zeit das "Todesurteil" für eine entlegene Grenzregion. Da im hinteren Oberpfälzer Wald zusätzlich aufgrund der mageren kalkarmen und flachgründigen Böden Landwirtschaft nicht recht lohnte, blieb der Wald ein Wald. Und das mit beträchtlicher Ausdehnung. Zwar sind von den ursprünglichen Buchen-Tannen-Fichten-Urwäldern im Bergland nur kleine Reste übrig geblieben, weil der frühindustrielle Boom um Bergbau und Eisengewinnung und -verarbeitung im Mittelalter den urspünglichen Wald verschlang. So sind Buchen und Tannen, die wertvollsten Baumarten, verdrängt worden von künstlich gepflanzten, schnellwüchsigen Fichten und Kiefern. Nur an wenigen entlegenen Stellen sind die alten Wälder erhalten geblieben. Der wirtschaftliche Hype mit seiner wenig nachhaltigen Forstwirtschaft hat sich allerdings schnell totgelaufen, auf den Aufschwung folgte eine lange Zeit der wirtschaftlichen Stagnation und Krise. Aber was

bedeutet für den Wald schon wirtschaftliche Stagnation? Sein Ökosystem ist zwar auch ökonomisch, aber es taugt nicht zur Gewinnmaximierung. Seit der Forstreform pflügen sich Harvester durch den dunklen Oberpfälzer Wald, was ihm schwerlich guttun wird. Die traditionellen Waldbauernexistenzen nutzten ihn (weil kaum anders möglich) extensiv. Selektiver Einschlag, Waldweide oder Streunutzung, Beerenpflücken und Schwammerlsammeln haben ihn nicht zerstört, vielmehr eine Art Kulturlandschaft entstehen lassen. Feuchte Lebensräume wie Sumpfwiesen, aus denen z. T. Flachmoore entstanden sind, und ausgedehnte Waldweiherketten haben ihren Teil dazu beigetragen, dass in den menschenleeren Wäldern der Oberpfalz an anderer Stelle längst ausgestorbene Tierarten überlebt und sich von dort aus wieder verbreitet haben. Bayerns letzte Schwarzstörche und Fischotter und wieder erste Fisch- und Seeadler haben es dem wilden Osten zu verdanken, dass sie überlebt haben. Grenznähe und Entvölkerung in Zeiten des Kalten Kriegs haben auch ihren Anteil am Grünen Dach.

Für die meisten Menschen heutzutage besteht anscheinend keine Notwendigkeit mehr, sich räumlich zu "verorten". Heimat mache eng, verkünden die Apologeten einer global-nervösen Mobilität. Mag ja sein, dass die "Hinterwäldler" engstirnig und unerfahren sind, wenn es um die Belange der angeblich weiten Welt geht. Aber dafür haben sie ihr unverwechselbares Zuhause, ihren Ort und ihre Mundart. Die Landschaft der Kindheit hat sich in Erinnerungsorten abgela-

Das Netz einer Radnetzspinne funkelt im herbstlichen Sonnenlicht in allen Regenbogenfarben.

gert, die zu Fuß oder mit dem Rad erschlossen wurden und an denen gespielt wurde. Bäche, Felsen, Weiher, allesamt in Waldumgebung oder -nähe, sind die Markierungspunkte, die sich im Bewusstsein festgesetzt und deren jeweilige Planierung sich umso schmerzhafter eingebrannt hat. Doch hat der Wald insgesamt sein Gesicht und bisweilen auch sein Geheimnis wahren können. Und immer noch gelten in ihm andere räumliche und zeitliche Gegebenheiten als an den vielen Unorten, wo Landschaft zur bloßen Gegend verkommen ist. Im Fichtendunkelgrün scheint der Wald den Atem anzuhalten. Bis der Pilzkorb oder Beereneimer gefüllt ist, steht die Zeit still. Bodenerhebungen, Lichtungen, markante Bäume oder Wege grenzen zwar

Leuchtende Herbstfärbung bei der Rauschbeere, die in Mooren wächst und zu den Heidelbeergewächsen zählt.

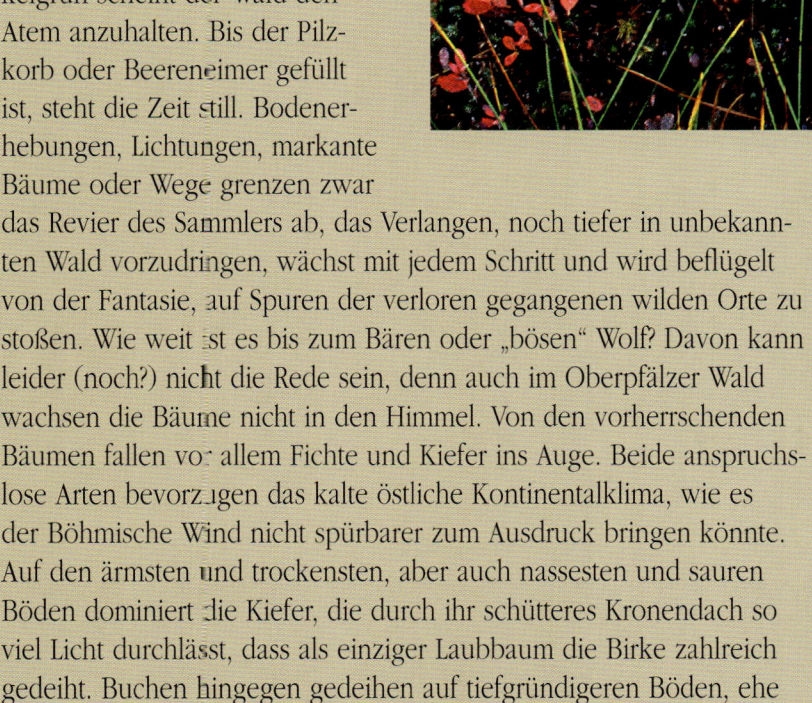

ihnen in den höchsten Lagen eine natürliche Grenze gesetzt ist, während Bergahorne gegen Kälte besonders robust sind. Die wertvollste und urtümlichste Waldgesellschaft stellen die Bu-

das Revier des Sammlers ab, das Verlangen, noch tiefer in unbekannten Wald vorzudringen, wächst mit jedem Schritt und wird beflügelt von der Fantasie, auf Spuren der verloren gegangenen wilden Orte zu stoßen. Wie weit ist es bis zum Bären oder „bösen" Wolf? Davon kann leider (noch?) nicht die Rede sein, denn auch im Oberpfälzer Wald wachsen die Bäume nicht in den Himmel. Von den vorherrschenden Bäumen fallen vor allem Fichte und Kiefer ins Auge. Beide anspruchslose Arten bevorzugen das kalte östliche Kontinentalklima, wie es der Böhmische Wind nicht spürbarer zum Ausdruck bringen könnte. Auf den ärmsten und trockensten, aber auch nassesten und sauren Böden dominiert die Kiefer, die durch ihr schütteres Kronendach so viel Licht durchlässt, dass als einziger Laubbaum die Birke zahlreich gedeiht. Buchen hingegen gedeihen auf tiefgründigeren Böden, ehe

chen-Tannen-Fichten-Wälder dar, die an manchen Stellen in mittlerer Höhenlage noch anzutreffen sind. Gleichwohl herrschen heute infolge Übernutzung und diverser Waldkalamitäten Fichte und Kiefer vor, so dass sich der Eindruck einer gewissen Nadelwaldmonotonie unwillkürlich aufdrängt. Dort, wo Kahlschläge oder Fernverkehrsschneisen den Wald aufgerissen und sein Mikroklima verändert haben, wachsen nur noch Fichten oder Kiefern. Der „wahre" Oberpfälzer Wald erschließt sich ohnehin nicht vom Auto aus, sondern will erwandert werden. Und der Wanderer auf waldumschlungenen Pfaden oder der Radler auf den zahllosen, inzwischen berühmt gewordenen Radwegen beginnt den vermeintlichen „Hinterwäldler" zu beneiden. Wo gibt es sonst schon „Vizinalbahnradwege", auf denen man Fuchs und Has begegnen und Vogelriesen wie Adler oder Kraniche fliegen sehen kann?

Blick vom Fahrenberg, dem am weitesten nach „vorne" (daher der Name Fahrenberg) vorgelagerten Berg des Nördlichen Oberpfälzer Waldes, auf Wald und Kulturlandschaft nahe Pleystein.

Hügelkette hebt sich über Hügelkette östlich von Eslarn.
Die aufsteigende Sonne spiegelt sich im einsamen Waldweiher.

Die unverkennbare Silhouette von Leuchtenberg überragt die
sanften Hügelketten im Naturparkland „Oberpfälzer Wald".

Die Teichpfanne der Tirschenreuther Weiherlandschaft liegt in der Flusssenke von Waldnaab und Wondreb, umgeben von ausgedehnten Wäldern, in denen sehr seltene Vogelarten brüten.

Seit Anfang des 20. Jahrhunderts galten Kraniche als Brutvögel in Bayern als ausgestorben. Seit wenigen Jahren gibt es wieder Kranichpaare in den Sumpfwäldern der nördlichen Oberpfalz, die erfolgreich ihren Nachwuchs aufziehen.

Eine weitere Besonderheit der nördlichen Oberpfalz sind die riesigen Seeadler, die nur dort erfolgreich brüten können, wo sie auf ihren Horsten nicht von Menschen gestört werden.

Der Fischadler ist ein weiterer imposanter Greifvogel, der in der Oberpfalz erfolgreich brütet. Als Fischjäger wurde er jahrzehntelang verfolgt, ehe seine Schönheit, Kühnheit und Bedeutung für das ökologische Gleichgewicht Anerkennung fanden. Sicher nicht bei allen.

Naturschutzgebiet Pfrentschweiher (unten).

Der Schwarzstorch ist wieder
im Kommen. Dabei war die
Oberpfalz mit ihren ruhigen,
abgeschiedenen Wäldern
das letzte Rückzugsgebiet
in ganz Bayern gewesen,
als das Aussterben der Art
befürchtet werden musste.

Bisweilen finden sich Schwarz-
und Weißstörche gemeinsam
auf feuchten Wiesen ein, wo sie
nach Mäusen, Fröschen, Regenwürmern und Heuschrecken
Ausschau halten

Wo dürfen Flüsse noch so frei
mäandrieren wie die Waldnaab
bei Tirschenreuth?

Die wunderschön himmelblauen Moorfrosch-Männchen
versammeln sich früh im Jahr in den Laichgewässern,
wo sie sanft blubbernd um die Weibchen werben.
Das blaue „Hochzeitskleid" tragen sie nur wenige Tage.

Herbstlicht an der Waldnaab, die durch Granitfelsen ihren Lauf nimmt.

Granitblöcke zeugen von der einstigen Macht des Wassers der Lerau.

Wie kleine Bäumchen in voller Laubfärbung leuchten die drei
Wald-Schachtelhalme im Spotlicht auf.

Die Mischwälder im südlichen Oberpfälzer Wald gehören zu den artenreichsten und naturnähesten der ganzen Oberpfalz. Tannen, Fichten, Lärchen, Buchen, Ahorne und Wildkirschen ergeben einen gesunden und stabilen Wald, der mehr als einen Holzlieferanten darstellt.

Verborgen im Wald spielen Jungfüchse vor dem Bau.

Nachfolgende Doppelseite: Von der markanten Felsrippe aus Gneis, dem Hochfels bei Stadlern, weitet sich der Blick auf den Grenzkamm, bis hin zu dem in Tschechien gelegenen Čerchov (Schwarzkopf), der höchsten Erhebung des oberpfälzisch-tschechischen Grenzgebirges. Ganz in der Ferne sind die Höhenzüge des Vorderen Bayerischen Waldes mit dem Osser zu erkennen.

Während die Moorbirken bei Gegenlicht auch im Sommer noch hellgrün schimmern und Fruchtstände des Wollgrases für weiße Tupfer sorgen, kontrastiert der dunkle Nadelwald im Hintergrund mit dieser eher heiteren Landschaft im Prackendorfer Moor.

Der prächtige Lungenzian gehört zu den seltensten Blütenpflanzen in Deutschland.

Das Sumpfblutauge blüht in sumpfigen Wiesen und Mooren.

Vom Moorstich ist kaum noch etwas zu erahnen: das Prackendorfer Moor (unten).

Seltene Pflanzen wie das Weiße Schnabelried und der Rundblättrige Sonnentau säumen die noch offenen Wasserflächen im Moor (rechte Seite).

Die Augen des männlichen Großen Granatauges sind tiefrot gefärbt (links).

Die seltene Gebänderte Heidelibelle kommt in etwas wärmeren Flusstälern der Oberpfalz vor (unten).

Weiden und Erlen säumen den Lauf der träge fließenden Schwarzach.

Im hohen Gras ist vom Rehbock nicht viel zu sehen.
Dennoch bleibt er wachsam, um „abzutauchen" oder in hohen Sätzen
das Weite zu suchen.

Inmitten ausgedehnter Wälder befindet sich grenznah bei Schwarzach
eine wunderschöne Lichtung mit Hutebäumen und Feldrainen.

Auf Waldlichtungen und -wegen finden sich im Frühsommer
die seltenen Schillerfalter ein.
Der Kleine Schillerfalter kommt in violett und tiefblau schillernden
Farbvarianten vor (oben, unten).

Ein nicht minder schöner Edelfalter
ist der Admiral.

Ruine Flossenbürg im Abendlicht. Im Hintergrund erstrecken sich die Waldberge des Oberpfälzer Walds, ganz rechts der Fahrenberg.

Bei Eslarn sind bäuerliche Kulturlandschaft und Wald eng miteinander verzahnt.

Unterhalb der Ruine Flossenbürg ist der Granit zwiebelschalenartig geschichtet. Die im Abendlicht aufleuchtenden Pappeln lassen den Herbst erkennen.

Oberhalb von Finsterau schweift der Blick des Wanderers bis hin zum Dreiländereck, das sich auf dem mächtigen Bergmassiv von Dreisesselberg und Plöckenstein befindet, den höchsten Erhebungen im unteren Bayerischen bzw. Böhmerwald.

Balzender Auerhahn.

Bayerischer Wald

Nicht ein Wald wie sonst einer
(Georg Britting)

Den Südwestrand des Grundgebirges der so-genannten „Böhmischen Masse" mit sehr alten Gesteinsformationen aus Gneisen und Graniten bildet der Bayerische Wald, der diesen Namen allerdings erst im 20. Jahrhundert bekommen hat. In mittelalterlichen Urkunden ist noch die Rede von „eremus Nortwald" – dem menschenleeren Nordwald. „Als Böhmen noch bei Österreich war", wie es ein sentimentaler Liedtitel beschwört, hießen sowohl der böhmische und der bayerische Wald einfach nur Böhmerwald, auch auf der bayerischen Seite. Erst nach dem Ersten Weltkrieg, als die Grenze auf dem Hauptkamm zur deutsch-tschechischen geworden war, bürgerte sich der Name Bayerischer Wald ein. Ein riesengroßes Waldgebiet erstreckte sich einst von den Donauauen bis zu den Gebirgskämmen der bayerisch-böhmischen Grenze. Eine Reihe geografischer Begriffe grenzt heute Teilbereiche ab: Vorderer, Hinterer, Innerer Bayerischer Wald. Und es ist immer wieder dasselbe gemeint, was die „Waidler" vereinfachend nur den „Woid" nennen. Bis allerdings der Bayerische Wald zur Waldlerheimat geworden war, waren lange Jahrtausende der Waldwildnis vergangen. Bezieht man sich auf die Zeitspanne der wechselnden Eis- und Warmzeiten, die vor etwa einer Million Jahre begann, dann erscheinen selbst die Römer im Donautal als späte Newcomer, für die der unwirtliche Nordwald keinerlei Anreiz für Eroberungspläne bot. Danach herrschte weiterhin Stille in den dunklen Waldbergen. So war denn auch im Inneren Bayerischen Wald kaum etwas zu finden für Archäologen. Vereinzelte Spuren wie z. B. der Flussname Ilz verweisen auf die Kelten, und seit dem 6. Jahrhundert siedelten Germanen in klimatisch günstigeren Lagen des Vorderen Bayerischen Waldes, der Innere Bayerische Wald blieb jedoch unbesiedelt. Im

Der sonst selten gewordene Trauermantel, der kühlfeuchte Mischwälder liebt, ist im Bayerischen Wald an geeigneten Stellen noch weit verbreitet. Auch er setzt sich gerne auf Wege, um sich dort zu sonnen und Mineralsalze aufzunehmen.

Mittelalter spielten Klöster, d. h. deren hörige Bauern, die zentrale Rolle bei der Rodung des Waldes. Das Grenzgebirge mit seinen Urwäldern blieb jedoch als undurchdringlicher Wall bestehen, ganz im militärstrategischen Sinne der böhmischen, bayerischen oder österreichischen Obrigkeit. Nur ein paar Pfade und Urwaldsteige für den Salztransport führten durch den „silva bohemica". Jener Salzhandel und das Entstehen von Glashütten führten dann zu Beginn der Neuzeit zu einer verstärkten Besiedlung des Bayerischen Waldes. Eine planmäßige Forstwirtschaft beziehungsweise die Umgestaltung des Urwalds in einen Wirtschaftswald setzte erst vor 200 Jahren ein. Alle wirtschaftlichen Anstrengungen haben nicht viel daran geändert, dass der Bayerische Wald das Armenhaus Bayerns bis lange nach dem Zweiten Weltkrieg geblieben ist, diesmal durch den Eisernen Vorhang abgeriegelt von der tschechischen Seite. Der Grenzverlauf war in etwa derselbe geblieben, der in früheren Jahrhunderten nicht einmal genau definiert war, aber immer in etwa auf die Wasserscheide auf dem Gebirgskamm hinauslief. Das Wasser der Moldau, abgeregnet auf den höchsten Erhebungen, war in Zeiten des Kalten Kriegs in weiteste Ferne gerückt. Waren schon die Salzsäumer und Glasmacher in vergangenen Jahrhunderten arme Leute geblieben, die Waldarbeiter, Waldbauern und zwangsweise Pendler der 50er und 60er Jahre lebten in meist prekären wirtschaftlichen Verhältnissen. Wer konnte oder nicht anders konnte, der zog weg, nach Regensburg oder München. Zaghaft setzte in den 60er Jahren der Fremdenverkehr ein, wobei die Skifahrer auf dem Arber den Anfang machten. Alles bescheiden und überschaubar, in Grenzen gehalten durch sprichwörtlich saukalte Winter und die sozial-defensive Mentalität mancher Waidler.

Auf so manches Dorf und etliche Höfe im Bayerwald der Nachkriegszeit passen die Worte des Gedichts von Rainer Kunze:

in den scheunen trocknet aufgebängte stille
die bären meiner träume nahmen alle bienenstöcke aus
die zeit blieb stehn in ferner zukunft
und bleibt vergangen auf der tenne hinterm haus.

Was war indessen aus dem Urwald des „silva bohemica" geworden? In zwei Jahrhunderten planmäßiger Forstwirtschaft waren die allermeisten Naturwälder in Tal- und Hanglagen umgewandelt in Fichtenforste. Ein paar Urwaldrelikte an unzugänglichen Stellen wie dem Höllbachgspreng oder offene Landschaftsformen, die wie die Schachten aus historischen landwirtschaftlichen Nutzungsformen stammen, haben die forstwirtschaftlichen Neuerungen überlebt. In der ersten Hälfte des 20. Jahrhunderts wurden auch schon einzelne Naturschutzgebiete wie Großer Arbersee und Arberseewand ausgewiesen. Bären, Wölfe und Luchse waren indessen schon im 19. Jahrhundert vollständig ausgerottet. Dabei waren noch Anfang des 18. Jahrhunderts nur im Bereich des Glashüttenguts Zwieselau 38 Bären, 364 Wölfe und 27 Luchse geschossen worden. Ohne Zuwanderung aus Böhmen hätte es wohl nach dem Zweiten Weltkrieg keine Wiederansiedlung des Luchses in Bayern gegeben. Das kleine natürliche Luchsvorkommen beschränkte sich in den 70er Jahren auf das Gebiet um den Falkenstein. Mit der Gründung des Nationalparks Anfang der 70er wurde der am äußersten Rande der alten Bundesrepublik gelegene Bayerische Wald um eine touristische Attraktion reicher. Als erster westdeutscher Nationalpark schien er eine Zeitenwende in Sachen Naturschutz einzuläuten. Gleichwohl blieben die Parkgrenzen auf die Rachel-Lusen-Region beschränkt, die urtümlichen Landschaften rund um den Falkenstein zunächst ausgespart. Aber die Vorstellung, dass im Nationalpark die Natur wieder den Wald in Selbstverwaltung

Noch ist Herbst im Klosterfilz, aber die bunten Blätter junger Pappeln tragen bereits den Raureif kühler Frostnächte.

übernehmen würde und auch große Beutegreifer wie der Luchs einen Platz in einem Nicht-Wirtschaftswald finden könnten, war nur allzu schön. In Wirklichkeit vermittelt mehr die Institution Gehegezone als Brücke zwischen Traum und Realität den zahlreichen Besuchern diesen Eindruck, als dass dieser Eindruck der Wirklichkeit entspräche. Bis heute ist der Luchs-Bestand sehr klein geblieben, und illegale Abschüsse dezimieren ihn nach wie vor diesseits und jenseits der Grenze. Der Wolf als Reiztier und gelegentlicher Grenzgänger ruft noch viel größere und irrationalere Ängste als der heimliche Luchs hervor. 1976 brachen neun Wölfe aus ihrem Gehege im Nationalpark aus, und eine regelrechte Hysterie in der Öffentlichkeit führte bis hin zum Einsatz des Bundesgrenzschutzes und zum Abschuss der Tiere. 2002 wiederholte sich das Ganze in kleinerer und abgemilderter Form. Für Wolf und Bär wird es wohl im Bayerischen Wald keine Zukunft mehr geben.

Und der Wald selbst erlebte seit seiner Unter-Schutz-Stellung eine wahre Heimsuchung von Katastrophen. Waldsterben und saurer Regen als „natürliche" (in Wirklichkeit vom Menschen verursachte) Katastrophen waren die Schlagworte des Umweltschutzes seit Ende der 70er Jahre, seit den 80er Jahren geriet der Nationalpark wegen des Liegenlassens von Windwürfen in die Kritik und seit den 90ern wegen des Zusammenspiels von Windbruch und Borkenkäferplage in die Katastrophen-Schlagzeilen, wobei es sich diesmal um natürliche „Katastrophen" handelte. Das Absterben großer Aufichten- und Bergfichtenwälder seitdem ist ein natürlicher Prozess eines Ökosystems, das seine natürliche Freiheit der Eigendynamik wiedergewonnen hat. Die stehenden und liegenden Baumskelette

indessen irritierten viele Besucher. Das Zusammenbrechen der menschengemachten Fichtenforste stellt aber kein ausdrückliches Phänomen der Gegenwart dar, schon im 18. und 19. Jahrhundert war es immer wieder zu Windwürfen und großflächigem Absterben von unnatürlichen Fichtenreinbeständen gekommen. In Quellen ist die Rede von „faulen Windwürfen, so daß weder Mensch noch Tier recht fortkommen kann". Es waren die aus rein ökonomischen Gründen angelegten Fichtenforste zur Erzeugung des vorindustriell bedeutsamen Rohstoffs Holz, die immer wieder ihren eigenen Untergang heraufbeschworen haben. Das Umdenken hat erst spät und unter großen Schmerzen stattgefunden, als die Nationalparkverwaltung mutig entschieden hat, in das Absterben der Nadelwälder nicht einzugreifen, Borkenkäfer und Windbruch nicht in den Arm zu fallen. Wer heute auf Rachel und Lusen steigt, der sieht, wie zwischen den stehenden und liegenden Baumgerippen eine neue, gesündere Waldgeneration heranwächst.

Damit sind auf einer im Vergleich zum gesamten deutschen Wald eher marginalen Waldfläche zwei deutliche Ausrufezeichen gesetzt worden. Dieser Wald hat seinen Wert jenseits von Nutzdenken und Gewinnmaximierung. Und er darf sich wieder als dynamisches Ökosystem entwickeln, das die menschlichen Eingriffe und Regulierungen nicht braucht. Wie weit dieser mutige Schritt der Nationalparkverwaltung in Zukunft durchzuhalten sein wird, wird sich zeigen. Im Erweiterungsgebiet des Parks wird zurzeit großflächig forstlich aufgeräumt, nachdem ein Wirbelsturm im Juli 2011 ganze Berghänge kahlgefegt und der Borkenkäfer den Rest erledigt hat. Zwischen Verwüstung durch

Tornado und Holzabtransport strecken Siebensterne schüchtern ihre Blüten dem neu gewonnenen Licht entgegen. Die Baumteller der gefallenen, flach wurzelnden Fichten ragen wie überdimensionale Grabsteine in eine apokalyptische Landschaft. Aber viel anders schaut es in den modernen Nutzwäldern auch nicht aus, wenn Kahlschlag und Harvester ganze Bestände erledigt und in Gewinnzahlen umgewandelt haben. In den berühmt gewordenen Waldflächen des Park-Altgebiets um Rachel und Lusen dagegen hat sich die in die Freiheit entlassene Waldnatur durchsetzen dürfen, und überall keimt und wuchert inzwischen ein neues Waldleben. Hasel- und Auerhuhn profitieren von Licht und üppigem Unterwuchs, und ein „unnatürlicher" Gast wie der Neuntöter darf vorübergehend auch schon mal dort auftauchen, wo vor Jahren nur reine Fichtenbestände das Licht abschirmten. Auch das ist dreimal Bayerischer Wald: die Wildnis am Lusen, die Aufräumarbeiten hinter dem Falkenstein, beides im Gebiet des Nationalparks, und die von schweren Maschinen gepflügten Rückegassen in 20 Meter Abstand im bischöflichen Waldgebiet am Osser im Vorderen Bayerischen Wald, wo die „normale" profitable Forstwirtschaft gerade in Zeiten sogenannter regenerativer Energieerzeugung boomt. Wohin geht die weitere Entwicklung des Waldes? Wird das Modell Wildnis im Altgebiet des Nationalparks Schule machen? Werden die Menschen – „Waidler" und Besucher – die mögliche Wildnis ertragen und künftigen Generationen einen Urwald zurückgeben?

Das viele Totholz im Nationalpark begünstigt Käfer, deren Larven in morschem Holz leben. Käferlarven und holzzerstörende Pilze stellen die Seite des Lebens dar, das auf dem sterbenden Baum stattfindet. Der Gemeine Widderbock bevorzugt morsche Buchen.

Torso eines Ahornveterans auf dem Ruckowitzschachten im Nationalpark. Auf den alten Waldweiden wurden Hutebäume gepflanzt, die sich zu eindrucksvollen Baumgestalten ausgewachsen haben.

Ein wunderschönes Tal bei Hinterfirmiansreut unmittelbar an der deutsch-tschechischen Grenze.

Die Soldanelle, ein alpines Florenelement in den Hochlagen des Bayerischen Waldes (unten links).

Rote Lichtnelken auf einer natürlichen Bergwiese (unten rechts).

Besondere Pflanzen im Nationalpark:
seltener Zypressen-Flachbärlapp
(oben und rechts),

Fichtenspargel (unten links) und
Wintergrün (unten rechts).

Fleischfressende Pflanzen im Moor:
Wasserfrosch mit Wasserschlauch (links)
und Mittlerer Sonnentau (unten).

An den Hängen des Lusen ist der Bergfichtenwald großflächig abgestorben. Nach dem Motto „Natur Natur sein lassen" hat die Nationalparkverwaltung den natürlichen Aufwuchs eines neuen Waldes mit Heidelbeerstauden, Ebereschen und einer neuen Fichtengeneration zugelassen (linke Seite).

Die üppig wachsende Pionierpflanze Eberesche (links oben).

Auf der Blockhalde des Lusengipfels gedeiht ein Ökosystem mit Farnen und Flechten (links Mitte, links unten).

Vom Lusengipfel blickt man hinab ins böhmische Tal des Lusenbachs (oben).

Die großen Habichtskäuze, die in Nord- und Osteuropa verbreiteter sind, kommen in Deutschland an keiner anderen Stelle vor. Sie waren in Ostbayern ausgestorben und kehren zurück in die Wälder des Grünen Dachs.

Ein Urwaldrelikt findet sich bei der Mittelsteighütte am Abhang des Großen Falkensteins im Erweiterungsgebiet des Nationalparks. Mächtige Buchenstämme liegen am Boden, während andere Riesen noch das Kronendach überragen. An entlegenen Stellen finden sich im Bereich des Grünen Dachs noch solche Urwaldreste (linke Seite).

Der C-Falter imitiert im Ruhezustand eine abstehende Rinde (rechts).

An absterbenden und toten Baumstämmen wuchert das Leben wie dieser farbenprächtige Schwefelporling (oben).

Gesplitterte Buche. Naturwald bedeutet Wald ohne Aufräumen. Der Wald braucht den Menschen nicht, aber der Mensch den Wald (links).

Als Eiszeitrelikt hat diese alpine Unterart des Dreizehenspechts nur in den Hochlagen des Bayerischen Walds überlebt (linke Seite).

Weiblicher Buntspecht im Flug (oben).

Der größte heimische Specht, der Schwarzspecht, zimmert große Höhlen in alte Buchen, in denen er seinen Nachwuchs aufzieht und die danach von „Untermietern" wie dem Raufußkauz oder der Hohltaube bezogen werden (links und unten).

Sowohl in Baumhöhlen als auch in Mauern und Dachstühlen von Gebäuden haust der nächtliche Siebenschläfer (links).

Ein ausgesprochener Waldschmetterling ist der äußerst seltene Große Eisvogel.

Anders als der Steinmarder ist der Baummarder kein Kulturfolger und „Automarder", sondern lebt ausschließlich im Wald (unten links und rechts).

Sonnenlicht durchbricht den Nebel. Bayerischer Wald zwischen Lohberg und Arber (rechts).

*Blick vom hoch gelegenen Waldhäuser über niedrigere Bergketten
(oben).*

*Selbst im Hochsommer sammeln sich in kühlen Nächten im Tal des
früheren Bachs Rücker (heute Rasnice) Nebelbänke.
Der Bach bildet nahe Philippsreut die Grenze zwischen Tschechien
und Bayern.*

Der Herbst ist die Zeit, in der
sich die intensive Laubfärbung
im Wasser der Bergbäche spiegelt
(links und rechte Seite).

Der Steinbach zwängt
sich unterhalb von Spiegelau
durch Granitblöcke und stürzt
in Kaskaden talwärts (rechts).

Kleine Ohe im Herbst (unten).

Feuchtwarme Sommer mit heftigen Gewitterschauern wie 2012 lassen die bewaldeten Bergrücken zwischen Althütte und dem Großen Falkenstein wie Bergregenwälder erscheinen, sattgrün und dampfend.

Der Wespenbussard ist ein Bewohner von Laub- und Mischwäldern und kommt nur in den unteren Lagen des Bayerischen Walds vor.

Bergpanoramen im Herbst voller Licht und Farben:
Tal des Weißen Regen und Lamer Winkel (oben links).
Kleiner Osser (oben rechts).
Hoher Bogen (unten links).
Großer Falkenstein (unten rechts).

Spätwinterliche Stimmung im Reschbachtal (rechte Seite).

Tauwetter im Spätwinter. Bei Finsterau haben die Bäume in den tieferen Lagen schon ihr Winterkleid abgelegt. Der verdampfende Schnee bildet Nebel, während die Abendsonne die noch verschneiten Hochlagen in rotes Licht taucht.

Schneereiche Winter stellen
für viele Vogelarten eine große
Herausforderung dar.
Dompfaff und Haselhuhn
kämpfen mit dem tiefen Schnee,
der Vorwärtskommen und
Futtersuche erschwert.

Mäusebussarde kämpfen um das
Aas eines umgekommenen Tieres.

Vom Aussichtsberg Haidel bei Grainau erscheint bei Inversionswetterlagen im Winter die Alpenkette zum Greifen nah (linke Seite).

Mit dem Teleobjektiv rückt der fast 3000 Meter hohe Dachstein im Salzkammergut ganz nahe an den Bayerischen Wald heran (rechte Seite oben).

Vom Großen Arber aus ist der Fernblick am beeindruckendsten. Vor allem, wenn die „Arbermandl", die schneeverpackten Bergfichten, den Vordergrund darstellen (rechte Seite unten).

Ein warmer Föhnwind hat die „Arbermandl" auf der Südseite
bereits angenagt, langsam lösen sich die Bäume aus dem Eisgriff
(linke Seite).

Im Hochwinter sind die Bergfichten auf dem Arberplateau zu
Eisskulpturen erstarrt (rechte Seite oben und unten).

Der Tag bricht an auf der der Sonne abgewende-ten Westseite des Arbers. Aus dem Nebelmeer ragen Kleiner Arber und Hoher Bogen (links).

Postkartenblauer Himmel ist am Arber auch im Winter nicht alltäglich. Ein grau verhangener Wolkenhimmel mit ein paar Sonnenlücken dafür umso dramatischer (rechte Seite).

Luchs in der Gehegezone Ludwigsthal. Auch die in Freiheit lebenden Luchse müssen mit dem Futtermangel in schneereichen Wintern zurechtkommen.

Von Bučina (Buchwald) blickt man auf die Hochebene von Knížecí Pláně (Fürstenhut), einst Kulturland, heute Kernzone des Nationalparks, umgeben von dunkelgrünen Waldbergen.

In der Dämmerung startet der mächtige Uhu seine Jagdflüge.

Tschechischer und Österreichischer

Böhmerwald

„Denken wie der Wald"
(Adalbert Stifter)

Der berühmteste Böhmerwald-Dichter, Adalbert Stifter, wird immer in einem Atemzug mit seiner südböhmischen Waldheimat genannt. Dabei halten ihn viele für einen Naturromantiker, der er nicht war. „Singen kann ich nicht, aber denken wie der Wald", bekennt der Ritter Witiko in Stifters Roman. Wesensgleichheit von Natur und Mensch, das ist für Stifter nicht von vornherein tröstlich, da erscheint ihm die Natur zu unergründlich und unheimlich. Was der Natur-Mensch indessen von ihr lernen kann: mit dem Kreislauf der wiederkehrenden Jahreszeiten die eigene Vergänglichkeit hinzunehmen. Wer auf die Geschichten der Bäume und Bäche hört, der erfährt nichts, was ihn aus der Tragik der Vergänglichkeit befreit. Aber in der Gleich-Gültigkeit der Natur gegenüber menschlichen Leidenschaften und Verstrickungen liegt eine tröstliche Botschaft. Wer mit den wiederkehrenden Ritualen der Natur lebt, der gibt der verstreichenden Zeit eine feste Form: eine Kreislaufbewegung. Unser Leben wird dadurch nicht sorgloser, aber langsamer und selbstbewusster.

Kaum eine Landschaft in Mitteleuropa erschien im 19. Jahrhundert besser geeignet, der gesellschaftlichen Unrast zu entgehen, als Stifters böhmische Waldheimat. „Sanfte Bergketten reihen sich hintereinander, allesamt bewaldet, ein Höhenzug kreuzt den anderen, die Farben verschwimmen vom Grün ins Blau, bis die entfernteste Silhouette den Himmel berührt". Zu Stifters Zeiten gab es auch schon Borkenkäfer, aber kein großflächiges Absterben der Wälder, auch schon Ausbeutung des Waldes durch wenig nachhaltige Forstwirtschaft, aber keine Harvester. Der Hunger nach dem Rohstoff Holz für Glashütten und Kohlenmeiler war im 19. und der ersten Hälfte des 20. Jahrhunderts besonders groß, und so entstanden künstliche und instabile Nadelwaldforste im Böhmerwald. Die zahlreichen, vorwiegend deutsch besiedelten Dörfer hatten es indessen durch Gewerbe und Handel zu einem ansehnlichen Wohlstand gebracht. Was auf die ansässige Bevölkerung an Leid durch Krieg

und Vertreibung zukam, das bedeutete nach Kriegsende für die Natur längs des Eisernen Vorhangs eine Verschnaufpause von fast 50 Jahren Stillstand. Mit der Öffnung der Grenzen durch die Samtene Revolution im Jahre 1989 offenbarte sich für die längst modernisierten Bayerwäldler und Oberpfälzer das Bild einer versunkenen Zeit mit schmalen Sträßchen, von Alleebäumen gesäumt, wackligen Zäunen und winzigen, jetzt tschechischen Dörfern in einer ansonsten menschenleeren Waldlandschaft. Die Fahrt nach „drüben" war wie eine Reise in die Kindheit. Nicht unbedingt eine glückliche, denn die Erinnerungen an die Gewalttaten und Zerstörungen vor, während und nach dem Krieg waren noch gegenwärtig. Aber die Natur hat Kraft geschöpft aus der Abwesenheit des Menschen und mit dem Nationalpark Šumava dieser Atempause ein Denkmal gesetzt. Saurer Regen und Waldsterben in den 80er Jahren haben sich zwar hüben und drüben verheerend in den Nadelforsten ausgewirkt, aber noch viel verheerender wären Erschließung, Zersiedlung und Intensivnutzung der Landschaft gewesen. Stifters eigentlicher Held, der Wald, war immerhin jahrzehntelang Niemandsland gewesen, hatte den Menschen abgeschüttelt und war zu einer zeitlosen Gegenwart geworden, in die lediglich die Schatten der Vergangenheit hineinragten. Ansonsten gab es nur die Jahreszeiten und deren Wiederkehr. So konnten auch einige nicht-menschliche Vertriebene zurückkehren, sodass aus dem Böhmerwald wieder Luchsland wurde.

Man muss kein Geologe sein, um zu spüren, dass es sich beim Grenzgebirge um eine uralte Landschaft handelt. Die Gebirgsbildung von Bayerischem Wald und Böhmerwald reicht zurück bis vor einer Milliarde Jahre, als im Erdaltertum durch Metamorphose Gneise, die ältesten Gesteine des Gebirges, entstanden. Zur Zeit der sogenannten variskischen Faltung drangen Magmen aus der Tiefe in die zerklüfteten Gneise ein, aus denen die Granite entstanden. Zur Zeit der Entstehung der Alpen wurde auch der Böhmerwald herausgehoben. Wir dürfen uns die Urahnen von Plöckenstein und Arber als 5000 m hohe Gebirgsriesen vorstellen. Im Warmklima des Tertiär wiederum wurde dieses Gebirge auf die heutigen Höhenverhältnisse eingerumpft. Die weit verbreiteten Granitwollsäcke, die vom Fichtelgebirge über den Steinwald und Oberpfälzer Wald bis zum Böhmerwald reichen, bezeugen die intensive Verwitterung in der warm-feuchten Zeit des Tertiär, die abgelöst wurde vom Eiszeitalter, das vor 2–3 Millionen Jahren begann. Die Hochlagen über 1000 m vergletscherten, woran sowohl im Bayerischen Wald als auch im tschechischen Böhmerwald heute noch Gletscherseen erinnern. Die ausgedehnten Moorlandschaften im Nationalpark Šumava sind entstanden, weil das Geländeprofil des sich sanft ins böhmische Becken abflachenden Mittelgebirges die Moorbildung begünstigte. Wirkt der Bayerwald vom Donautal aus gesehen wie ein echter Gebirgskamm, so erscheint der Böhmerwald eher wie eine schräg gestellte Tischplatte. An manchen Orten wähnt sich der Besucher nicht in einem mitteleuropäischen Gebirge, sondern eher in einem skandinavischen Fjäll. Das feucht-kühle, regenreiche Klima, der Wasserreichtum und die langen und kalten Winter haben das Ihre dazu beigetragen, die zahlreichen Moore entstehen zu lassen.

Wenn man aus Bayern in den Böhmerwald einreist, dann ändern sich Farbe und Form der Landschaft innerhalb weniger Meter. Unmittelbar hinter dem jetzt verwaisten Zollgebäude von Philippsreut breiten sich moorige Wiesen aus – von keinem Weg erschlossen, dafür aber von mäandrierenden Bächen durchzogen. Die vorherrschende Farbe ist Braun, während die Wiesen auf der bayerischen Seite – kurzgeschoren und flurbereinigt – im leuchtenden Grün der Düngemittelhersteller strahlen. Es ist ein alter Typ

von Landschaft, der jenseits der Grenze überlebt hat, mit extensiv genutzten Feucht- und Moorwiesen. Trockenere Standorte erinnern an steinige Heideflächen. Zwischen Philippsreut und Eisenstein gibt es auf einer Strecke von mehr als 50 Kilometern zwischen dem Nationalpark Bayerischer Wald und dem Nationalpark Šumava keine Straßenverbindung, dafür aber unzählige schöne Wanderwege und einige Grenzübergänge ausschließlich für Fußgänger und Radfahrer. Hier hat das Etikett Ökotourismus tatsächlich seine Berechtigung. Der Böhmerwald ist uralte Kulturlandschaft. Das ist auch heute noch zu verspüren, obwohl aus vielen ehemaligen Dörfern Wüstungen geworden sind und die neuen „böhmischen Dörfer" eine bizarre Mischung aus Altem und schönem und hässlichem Neuen darstellen: Barockkirche steht neben Plattenbau, Böhmerwaldhäuser mit Walmdach und Kunststoffverkleidung neben liebevoll renovierten Häusern ganz ohne „altbayrischen" Jodlerstil. Daneben verfallen Hallen ehemaliger Kolchosen, und direkt hinter der Grenze „locken" neonerleuchtete Bordelle, Verkaufsstände mit Legionen von Gartenzwergen oder Zigaretten und Billigkleidung. Das ganze Land wird von endlosen Wäldern, in denen Fichten dominieren, auf den Nenner der Waldheimat gebracht, den sie auch schon zu Stifters Zeiten hatte. Auffällig sind die vielen Bäche und Flüsse. Vom Torf der Moorböden gefärbt, schlängeln

Herbstfärbung des Heidelbeerlaubs (linke Seite).

Die Wasser der Vydra strömen mit Schnelligkeit und Wucht talwärts.

sie sich durch Wald und offene Landschaft. Bis aus der Moldau der von Bedřich Smetana in Musik übersetzte Charakter-Fluss Böhmens geworden ist, hat die Warme Moldau zahlreiche Nebenflüsse aufgesammelt: die Kleine Moldau, die Grasige Moldau, die Kalte Moldau und so manchen Potok, wie Bach auf Tschechisch heißt. Die Vltava (Moldau), umrankt von Geschichten und Legenden, ist das Nationalsymbol der Tschechen. Auf ihr wurde das über den Goldenen Steig herangebrachte Salz nach Prag verfrachtet, in ihrem Wasser der heilige Nepomuk ertränkt und aus ihrem Lehm der Golem geformt. Das Gurgeln und Plätschern, das Tosen und Rauschen ist das vorherrschende Klangbild des Nationalparks, obwohl das lautmalerische Wort Šumava eigentlich für das Rauschen des Waldes steht. Wir sind also im Land der rauschenden Bäume und Bäche. Dieser „Nordwald“ – so der Name des Gebiets, bevor sich ab dem 19. Jahrhundert der Begriff Böhmerwald durchsetzte – bildete im Mittelalter so etwas wie eine natürliche Grenze: leicht zu verteidigen, kaum besiedelt und schwer passierbar. Der bekannteste Weg durch den Wald war der Goldene Steig, ein verzweigtes Wegesystem von Passau nach Prachatitz in Südböhmen. Den Transport von

Salz, Gold und anderen wertvollen Gütern leisteten sogenannte Säumer, Bauern, die am Goldenen Steig siedelten und mit bis zu 1200 Saumtieren pro Woche die Güter durch den Urwald bewegten. Erst ab dem 14. Jahrhundert kam im Böhmerwald ein anderes Gewerbe auf, das das Bild der Landschaft und die Geschicke der Region entscheidend prägen sollte: die Glasmacherei. Das Holz der Wälder wurde für die Energiegewinnung und – zusammen mit Quarzsand – als Pottasche für die Herstellung von Glas genutzt. Der einst fast undurchdringliche Wald lichtete sich zusehends. Das florierende Glasgewerbe lockte Siedler an, die vorwiegend aus dem deutschen Sprachraum kamen. Zusammen mit den heimischen Tschechen und den zahlreichen Juden stellten sie so etwas wie eine frühe multikulturelle Gesellschaft dar. Doch der Friede zwischen Böhmen deutscher und tschechischer Sprache währte nicht lange. Was mit den Hussiten-Kriegen begann, fand in den Vertreibungen nach dem Zweiten Weltkrieg seinen traurigen Höhepunkt. Große Teile des Böhmerwalds wurden entvölkert, zahlreiche Dörfer wurden dem Erdboden gleichgemacht. Geblieben sind bis heute die zahlreichen Waldwiesen mit ihren Grenzen aus Steinwällen und Baumreihen. Wüstungen mit Resten verbliebener jahrhundertealter Kulturlandschaft finden sich immer wieder mitten im Böhmerwald. Das unterscheidet den Šumava ganz wesentlich vom Nationalpark Bayerischer Wald, der zu 99 Prozent aus Wald besteht.

Im „Hochwald“ lässt Adalbert Stifter, den Leser miteinbeziehend, von der Burgruine St. Thoma den Blick schweifen über seinen Böhmerwald: „Dein staunender und verwirrter Blick ergeht sich über viele, viele grüne Bergesgipfel in webendem Sonnendufte schwebend, und gerät dann hinter ihnen in einen blauen Schleierstreifen – es ist das gesegnete Land jenseits der Donau … Dann wende den Blick auch nordwärts; da ruhen die breiten Waldesrücken und steigen lieblich schwarzblau dämmernd ab gegen den Silberblick der Moldau; westlich blaut Forst an Forst in angenehmer Färbung, und manche zarte schöne blaue Rauchsäule steigt fern aus ihm zu dem heitern Himmel auf. Es wohnet unsäglich viel Liebes und Wehmütiges in diesem Anblicke.“

Herbstliches Stillleben mit Birkenblatt auf Flechten.

Am Antigel-Berg hat der Herbst Einzug gehalten, Birken und Pappeln leuchten in satten Farben.

Auf der österreichischen Seite des Böhmerwalds dominiert der Hochficht das grenznahe Waldmeer.

Bei Ulrichsberg im Mühlviertel geht das Grüne Dach in die bäuerliche Streifenlandschaft über.

Kleine Straßen und mächtige Straßenbäume prägen noch das Bild der Landschaft bei České Žleby (Böhmisch Röhren) (links) und Želnava (Salnau).

Vor Srní (Rehberg) erscheinen die Bergketten wie zu einem Waldmeer gestaffelt.

Der scheue Sperber ist ein geschickter Greifvogel der Nadelwälder, der sich im Winter auch in Ortsnähe zeigt.

Das helle Frühlingsgrün heitert den dunklen Nadelwald auf. Weitgehend unbesiedelte Landschaft zwischen Hartmanice (Hartmanitz) und Prášily (Stubenbach).

Luchse tragen wie alle Katzen ihre Jungen, indem sie sie am Nacken festhalten.

Himmelblaue Himmelsleitern (oben links).

Blauer Alpenmilchlattich (oben rechts).

Der Ungarische Enzian ist wohl der „König"
der Böhmerwaldflora (rechts).

Bergwiese im Frühsommer bei Zhůří (Haidl).

Blauflügel-Prachtlibellen umflattern
die Ufervegetation von Waldbächen.

Das moorige Wasser der Vydra
erscheint im Gegenlicht bernsteinfarben.

Fischotter sind im Bereich des Nationalparks
Šumava gar nicht so selten.

Das Moorauge im Chalupská Slat' (Großer Königsfilz)
ist der größte Moorsee Tschechiens (linke Seite).

Herbstmosaikjungfern fliegen rasant, stehen jedoch
mitunter im Flug für Momente auf der Stelle.

Zwei Stockenten nutzen eine Bulte im Moorsee als Ruheplatz.

Farbenprächtiger Herbst im Nationalpark Šumava: bei Bučina (Buchwald) (links oben),
bei Skelná (Glaserwald) (links unten), bei Borová Lada (Ferchenhaid) (rechts unten und rechte Seite)
und geheimnisvoller Frühlingsmorgen bei Strážný (Kuschwarda) (rechts oben).

Raureif im Mai im hochgelegenen Jezerní Slat' (Seefilz),
keine Seltenheit.

Birkhühner werden auch im Šumava immer seltener.

Seit ein paar Jahren leben in Böhmen wieder ein paar zugewanderte Elche.

Moorbirkenwald mit gewundenen Stämmen.

Ruhig strömt die Moldau
durch sumpfige Auen
in Richtung Moldau-Stausee.

Die im Winter sich weiß färbenden
Hermeline kommen im Böhmerwald
auf extensiv bewirtschafteten Wiesen
noch zahlreich vor.

Wintermorgen bei Filipova Hut'
(Philippshütten) mit Blick
auf den in Eis erstarrten Rachel.

Atembauch einer Elster.

Raubwürger mit erbeuteter Maus.

Nebel lässt den Böhmerwald noch geheimnisvoller erscheinen.

Haben große Beutegreifer wie der Wolf noch eine Zukunft im Böhmerwald, oder kann man sie nur in der Gehegezone des Nationalparks Bayerischer Wald beobachten?

Braunbär in freier Wildbahn in den Urwäldern der Gottschee (Slowenien). 1856 wurde der letzte Bär im Böhmerwald geschossen, Bären gibt es heute nur noch in der Gehegezone des Nationalparks Bayerischer Wald. Von Slowenien und Kroatien aus sind inzwischen wieder Bären nach Österreich eingewandert. Gibt es für den König der heimischen Tierwelt irgendwann eine zweite Chance im Bereich des Grünen Dachs?

Grünes Band Europa

Grenzen trennen – Natur verbindet

Fast 40 Jahre lang trennte der Eiserne Vorhang Europa in Ost und West. Aufgrund der Abgeschiedenheit wurde aus der menschenverachtenden Grenze ein Rückzugsraum für die Natur. So schlängelt sich heute ein über 12 500 Kilometer langes Band wertvoller Lebensräume durch Europa – vom arktischen Norden bis in den mediterranen Süden. Das „Grüne Dach Europas" ist ein bedeutsamer Bestandteil dieses längsten Lebensraumverbundes der Welt. Die ausgedehnten Waldgebiete bieten zahlreichen Tieren und Pflanzen einen Lebensraum und leisten einen hohen Beitrag zum Schutz der wertvollen Artenvielfalt in Europa.

Der BUND (Bund für Umwelt und Naturschutz Deutschland e.V.) mit seinem bayerischen Landesverband BUND Naturschutz in Bayern e.V. engagiert sich seit 1989 für den Schutz des Grünen Bandes Deutschland und ist einer der Initiatoren der seit 2004 bestehenden europäischen Initiative. Hierin arbeiten Verbände und staatliche Organisationen aus 24 Ländern an der gemeinsamen, verbindenden Vision: das Grüne Band als Rückgrat eines europäischen Biotopverbundsystems und als lebendiges Denkmal überwundener Grenzen zu erhalten und zu entwickeln.

Mehr Informationen: BUND-Projektbüro Grünes Band, Hessestraße 4, 90443 Nürnberg, gruenesband@bund-naturschutz.de, Tel. 0911/575294-0

www.gruenesband.info
www.erlebnisgruenesband.de
www.europeangreenbelt.org

Spendenkonto 232, Sparkasse Bonn, BLZ: 370 501 98, Stichwort: Grünes Band Europa, Empfänger: BUND e.V.

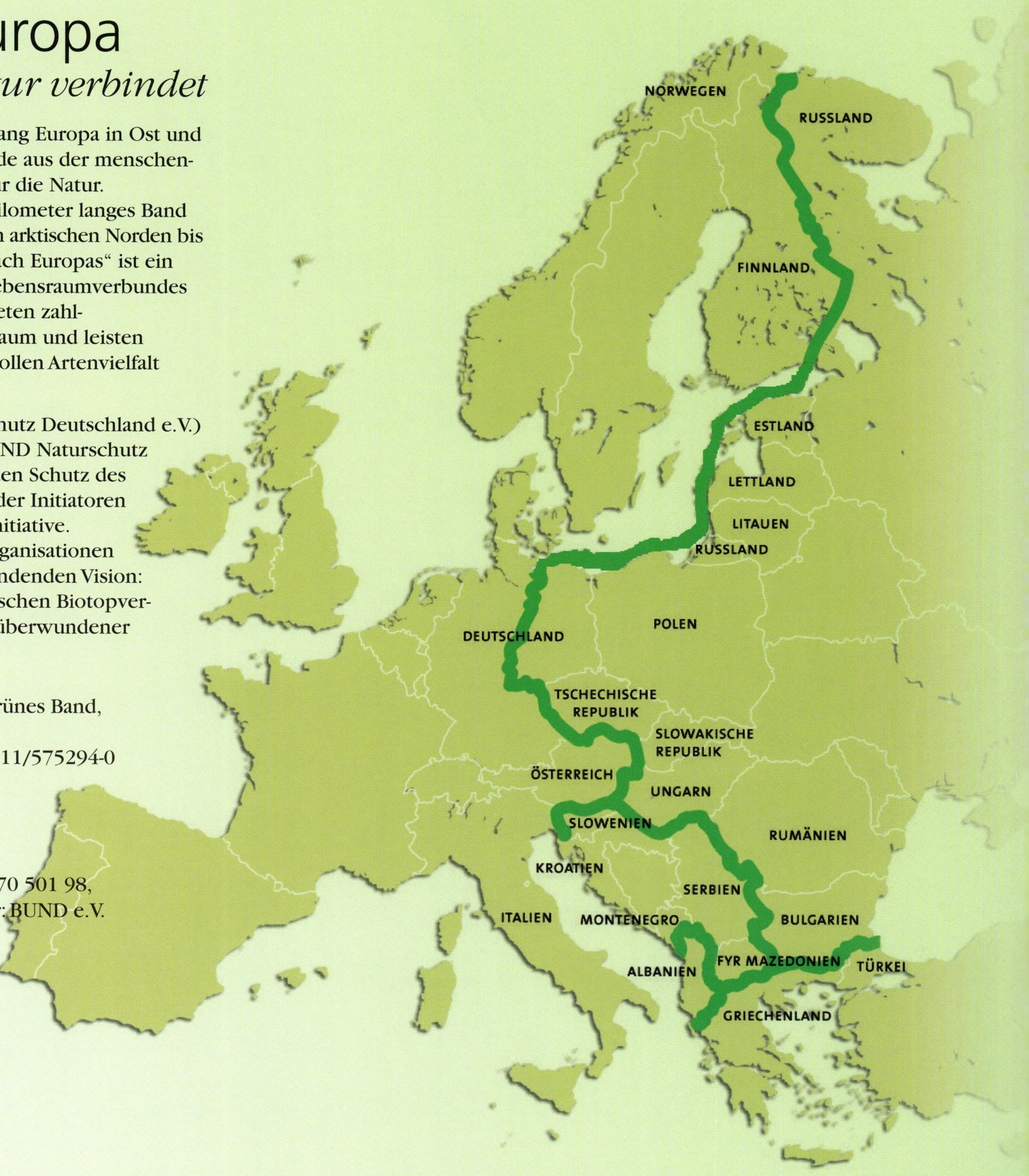

Berndt Fischer

Der gebürtige Amberger Berndt Fischer ist schon als Kind in die „Waldschule" des Steinpilzsammelns und Preiselbeerzupfens gegangen und hat als Jugendlicher mehr als acht Tausender des Bayerwalds erwandert. Nach dem Germanistik-Studium in Regensburg hat es ihn ins Fränkische verschlagen, wo er seit 40 Jahren im Raum Erlangen lebt. Über die Tier- und Natur-fotografie ist er immer wieder zurückgekehrt in den „Wald", um dort heimliche Bewohner wie Birkhähne, Moorfrösche oder Eulen zu beobachten und zu fotografieren.

In Nord- und Ostbayern, Tschechien und dem österreichischen Mühlviertel kennt er die meisten Waldwinkel, die in dem vorlie-genden Bildband als „Grünes Dach Europas" zusammengefasst sind. Als Bild- und Textautor hat er in zahlreichen Publikationen heimische, europäische und tropische Lebensräume bearbeitet, um auf deren Schönheit und Gefährdung hinzuweisen.

www.berndtfischer.com, info@focusnatur.de